© Presses Aventure, 2011
© Alex A., 2011

D'après une idée originale de Alex A.

PRESSES AVENTURE, une division de
LES PUBLICATIONS MODUS VIVENDI INC.
55, rue Jean-Talon Ouest, 2ᵉ étage
Montréal (Québec) H2R 2W8
CANADA

Éditeur : Marc Alain
Responsable de collection : Marie-Eve Labelle
Auteur et illustrateur : Alex A.

Dépôt légal - Bibliothèque et Archives nationales du Québec, 2011
Dépôt légal - Bibliothèque et Archives Canada, 2011

ISBN 978-2-89660-316-9

Nous reconnaissons l'aide financière du gouvernement du Canada par l'entremise du Fonds du livre de Canada pour nos activités d'édition.

Gouvernement du Québec — Programme de crédit d'impôt pour l'édition de livres — Gestion SODEC

Imprimé au Canada

ÉCRIT ET ILLUSTRÉ
PAR ALEX A.

POUR CLAUDINE

SUJET : HENRY B. BELTON

36 ANS

56 KILOS

1 MÈTRE 46

ÉTAT : KIDNAPPÉ

DESCRIPTION : HENRY EST CONNU, MÊME SI ÇA NE PARAÎT VRAIMENT PAS, COMME ÉTANT L'ÊTRE LE PLUS INTELLIGENT DE LA PLANÈTE. SON QI SERAIT ÉVALUÉ À ENVIRON 402.

À l'âge de 3 ans, il fut admis à Harvard en mathématiques/astrophysique avancée, et fut diplômé six mois plus tard.

À l'âge de 6 ans, il battit l'ordinateur-Big Blue aux échecs.

Malheureusement, ce dernier a tellement mal pris sa défaite qu'il a décidé de faire entrer sa race en guerre contre les humains, ce qui coûta la vie à des millions de personnes (pour plus de détails, voir «guerre des robots», dossier n° 444)

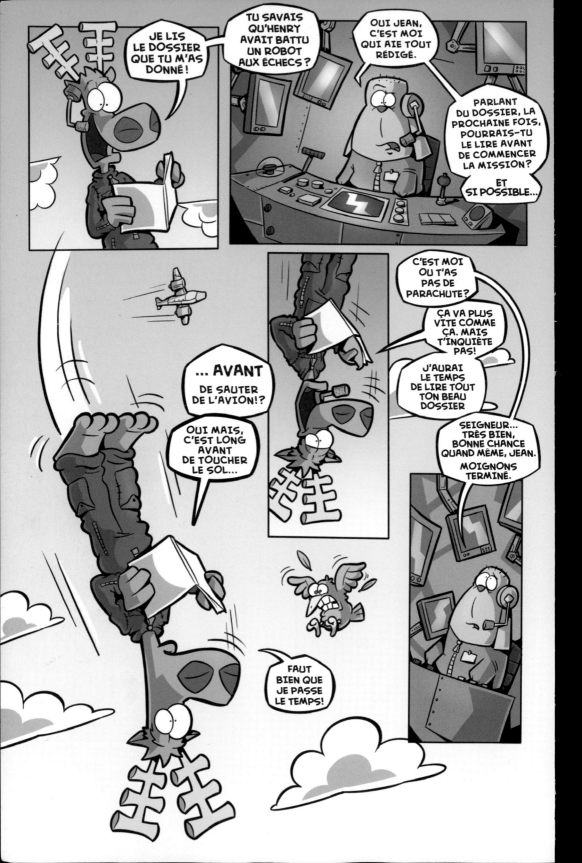

11

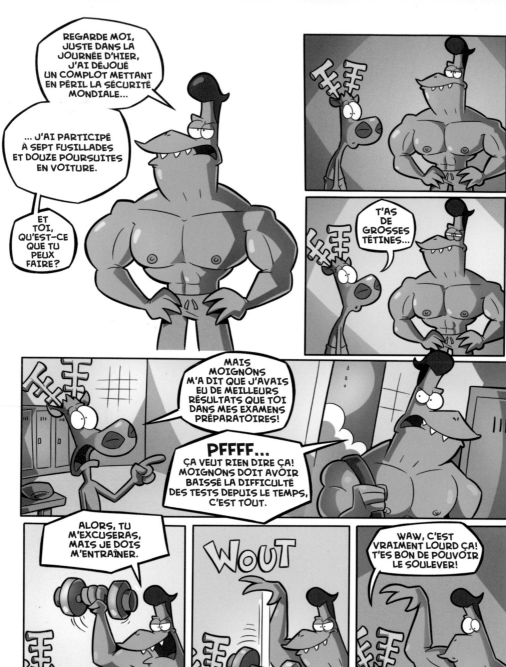

20

JE CONNAIS LA MANOEUVRE D'HEIMLICH!

JE NE ME SUIS PAS ÉTOUFFÉE!

AHHH...

ÉCOUTEZ, LES RÉSULTATS DE VOS DERNIERS EXAMENS SONT ASSEZ IMPRESSION-NANTS. VOUS ÊTES FORT, ENDURANT, RAPIDE ET CAPABLE DE SUPPORTER DES ENVIRONNEMENTS EXTRÊMES.

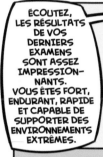

ET VOS TESTS ONT DÉMONTRÉ QUE...

HÉ! COMMENT ÇA DES TESTS? C'ÉTAIT PAS DES VRAIES MISSIONS?

NON, JE CROYAIS QUE VOUS L'AVIEZ COMPRIS...

... MON NOM, C'EST JEAN!

L'ENJEU ÉTAIT RÉEL, MAIS NOUS SUIVIONS VOS MOUVEMENTS GRÂCE À UNE CAMÉRA CACHÉE DANS VOS NARINES.

DANS MES NARINES? COMMENT VOUS AVEZ FAIT ÇA?

DISONS QUE LEUR DIMENSION A RENDU LA CHOSE ASSEZ FACILE...

24

25

31

34

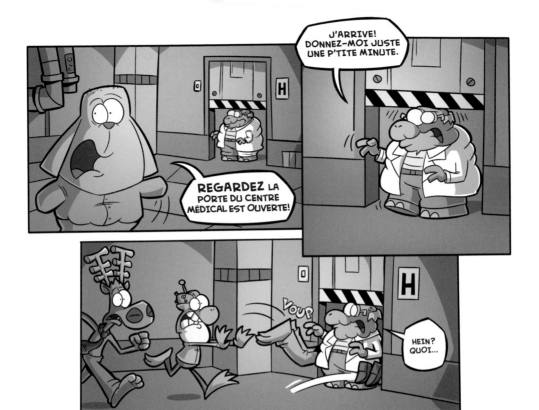

LA PORTE EST SOUDÉE, MADAME. IL NE POURRA PLUS L'OUVRIR.

TU NE M'AS PAS APPRIS DANS TES COURS QUE LES CERVEAUX POUVAIENT PARLER!

JE CROIS QUE PERSONNE ICI NE LE SAVAIT, JEAN...

BIEN JOUÉ, MAIS VOUS NE POURREZ PAS VOUS ÉCHAPPER, JE VAIS...

TZZZIIT

C'EST LASSANT, ÇA. IL Y A QUELQUE CHOSE D'AUTRE?

JE CROIS QU'IL Y A LES REDIFFUSIONS DU TOURNOI DE MINI-GOLF À CETTE HEURE!

OUH!

ALORS, ROGER EST AU TROU NUMÉRO HUIT, IL...

DONNEZ-MOI ÇA!

OOOH...

MONSIEUR BELTON, VOUS ALLEZ BIEN...?

PAS VRAIMENT, NON...

VOUS AVEZ UNE IDÉE DE COMMENT UNE TELLE CHOSE A PU ARRIVER?

JE SAVAIS QUE J'AVAIS UN CERVEAU GÉNIAL MAIS... DE LA A PRENDRE VIE DE LUI-MÊME... J'IMAGINE QUE ÇA FAIT LONGTEMPS QUE C'EST COMME ÇA, IL ATTENDAIT PROBABLEMENT QUE MON CRÂNE S'OUVRE POUR POUVOIR SE LIBÉRER.

AAAARF... C'EST DE MA FAUTE! PLEIN DE GENS VONT MOURIR À CAUSE DE MOI!

ON SE CALME, IL N'Y A PERSONNE DE MORT ENCORE. ON PEUT SE SORTIR DE LÀ.

MOIGNONS, VÉRIFIEZ SI VOUS POUVEZ ACCÉDER AU RÉSEAU D'UNE MANIÈRE OU D'UNE AUTRE.

OUI, MADAME.

TAP TAP

NON, IL N'Y A RIEN D'ACCESSIBLE ICI. MAIS, J'AI UNE BONNE NOUVELLE. REGARDEZ.

40

MON NOM, C'EST JEAN!

JE VAIS PRENDRE ÇA POUR UN OUI.

ALLEZ, OUVREZ-LUI LA GRILLE.

ANESTHÉSIANT À CERVEAU DE SECOURS.

ATTENDEZ...

JE... JE VAIS AVEC LUI.

VOUS ÊTES BIEN SÛR?

JE CONNAIS CE CERVEAU MIEUX QUE QUICONQUE. ALORS, SI JE PEUX AIDER À ARRÊTER CE MONSTRE UNE FOIS POUR TOUTES...

JE CROIS QUE JE DOIS LE FAIRE...

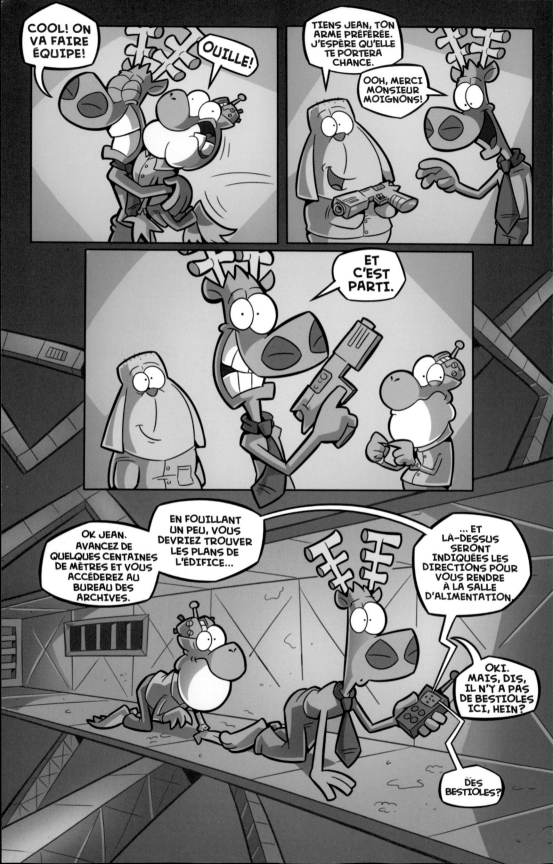

43

NON, ICI C'EST LA CUISINE.

NON, ICI C'EST LA SALLE DE GYM.

NON, ICI C'EST LE VESTIAIRE DES FILLES.

LE VESTIAIRE? JE VEUX VOIR! JE VEUX VOIR!

ALLEZ, ON CONTINUE, ÇA NE DOIT PAS ÊTRE BIEN LOIN...

HAAAA! UN LAMA!

MAIS NON, ÇA, C'EST UN CHAMEAU.

AH, ALLÔ.

SALUT.

AH ÇA Y EST! JE CROIS QUE JE L'AI TROUVÉ.

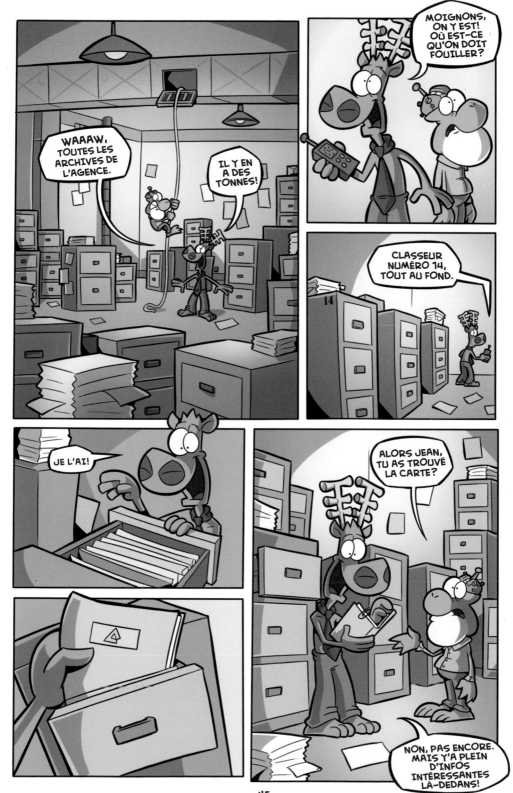

45

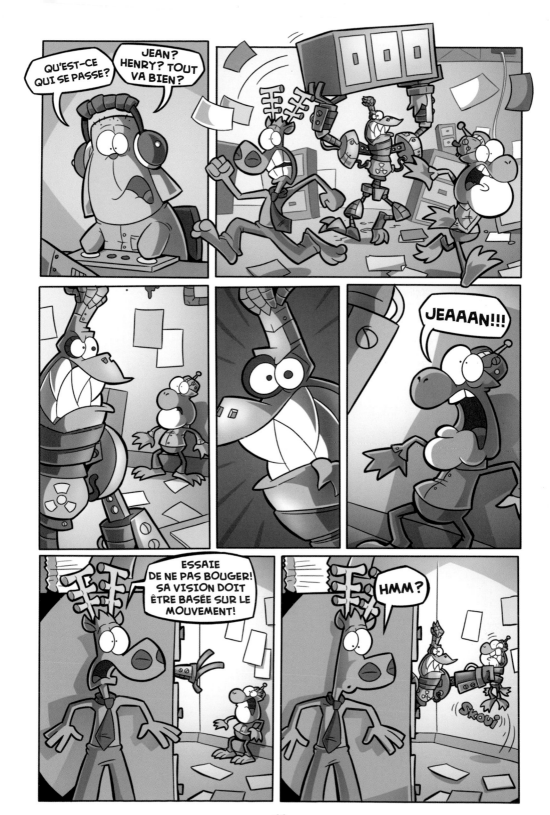

WAAAARRR

... ON A PERDU LE CONTACT, MADAME.

... J'AURAIS CRU QU'IL TIENDRAIT PLUS QUE QUINZE MINUTES...

TU ME DOIS VINGT DOLLARS!

QUELQUES MINUTES PLUS TARD...

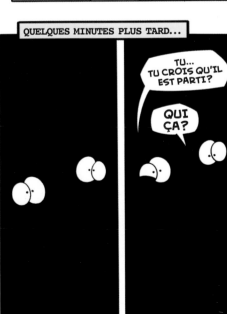

TU... TU CROIS QU'IL EST PARTI?

QUI ÇA?

LE ROBOT, VOYONS!

HA! OUI! ATTENDONS ENCORE UN PEU, POUR ÊTRE SÛR.

WAW! TES YEUX SONT VRAIMENT BRILLANTS DANS LE NOIR.

LES TIENS AUSSI! ÇA FAIT PEUR.

OH, UNE SECONDE. JE CROIS QUE J'AI UNE ALLUMETTE ICI...

SALUT.

HAA!!!

ÇA VA, LA VOIE EST LIBRE, JE CROIS.

ALORS, D'APRÈS LES PLANS, IL FAUDRAIT ALLER OÙ MAINTENANT?

FAUDRAIT PRENDRE LES ESCALIERS ET DESCENDRE JUSQU'AU HUITIÈME ÉTAGE...

... ET LÀ, IL FAUDRA TRAVERSER...

... LE CORRIDOR DU PÉNITENCIER.

GULP!

CORRIDOR DU PÉNITENCIER
MERCI DE NE PAS NOURRIR LES PRISONNIERS

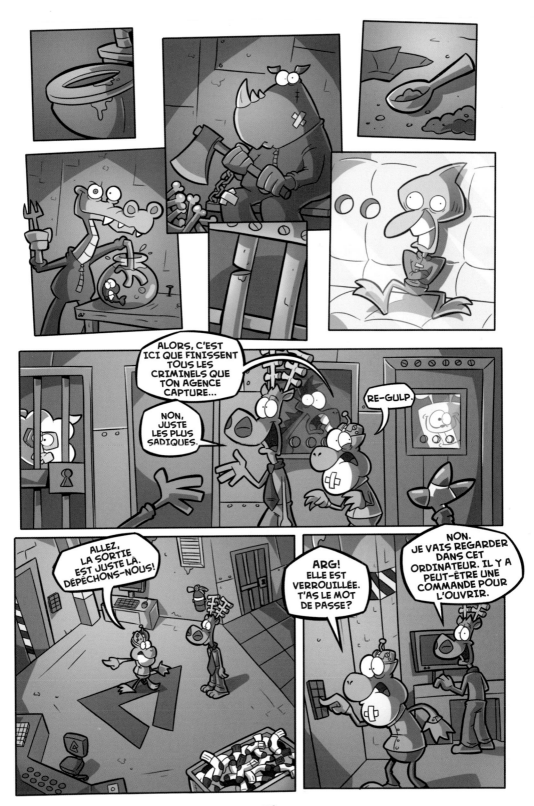

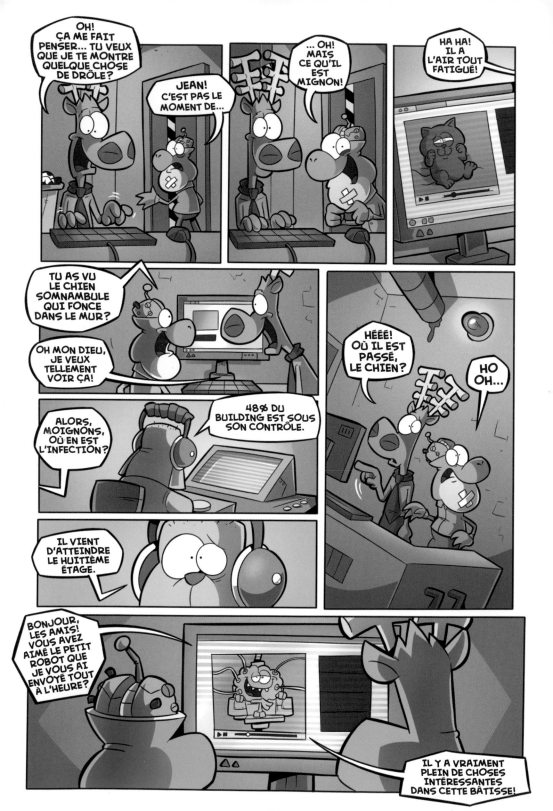

53

C'EST INÉVITABLE...

VLASH KABANG

WAAAAW

JE PEUX LES ESSAYER MOI AUSSI?

GÂTE-TOI!

60

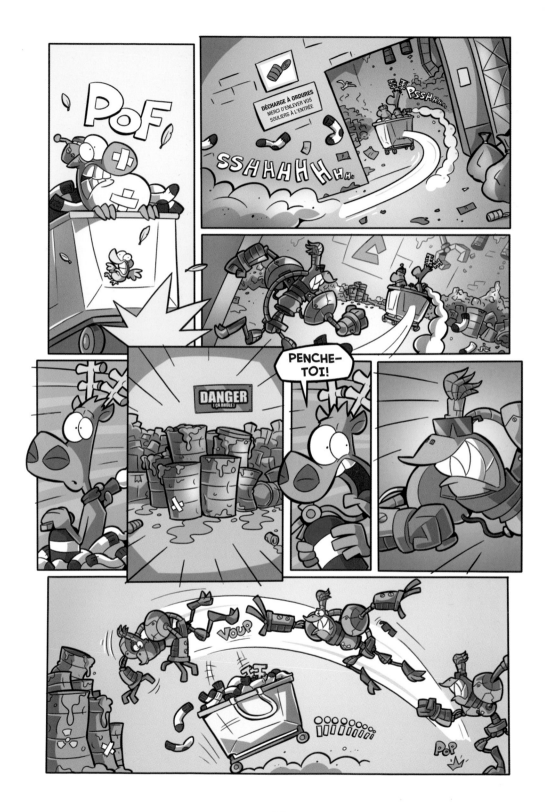

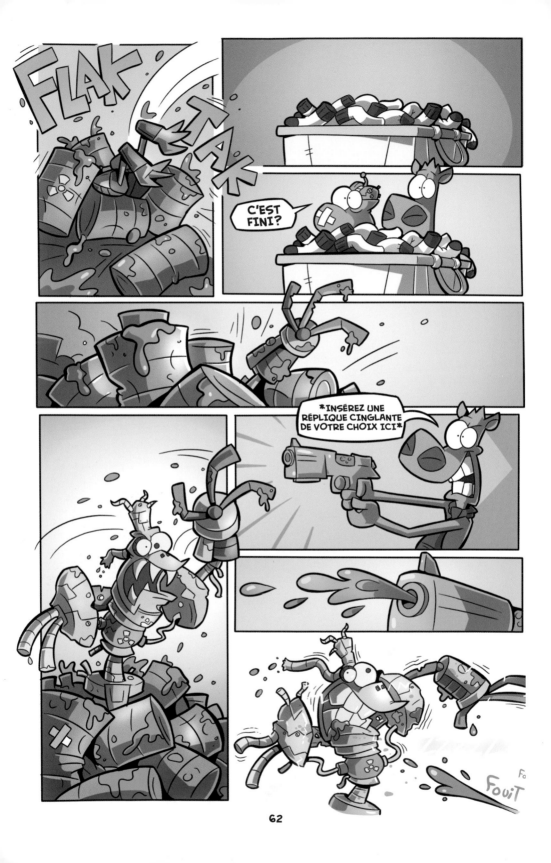

BON MATIN!

CRÊPES?

AÏE, MA TÊTE... OÙ EST-CE QU'ON EST?

DANS LES TOILETTES. J'AI RÉUSSI À NOUS CACHER ICI AVANT QUE TOUT S'EFFONDRE.

BILLY AURA BEAUCOUP DE TRAVAIL CETTE SEMAINE...

ET IL Y A UN MOYEN DE SORTIR D'ICI?

JE NE CROIS PAS, NON.

ALORS C'EST FINI... IL A GAGNÉ... COMME TOUJOURS.

SOUPIR

T'ES PAS VRAIMENT COMME ÇA, TOI? C'EST UN RÔLE QUE TU JOUES, NON?

QU'EST-CE QUE TU VEUX DIRE?

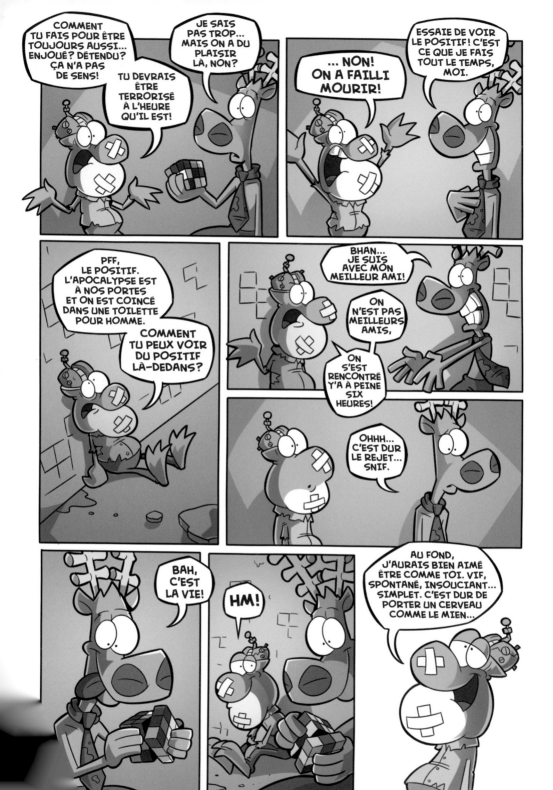

68

69

70

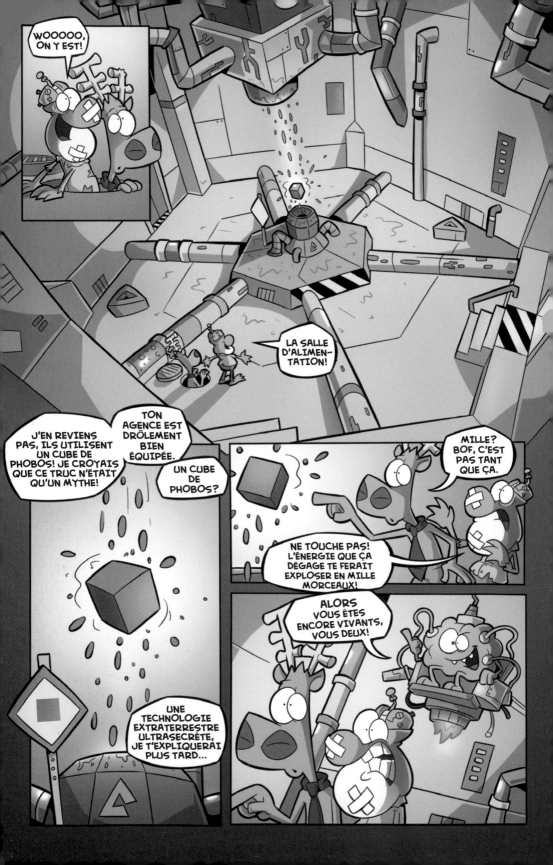

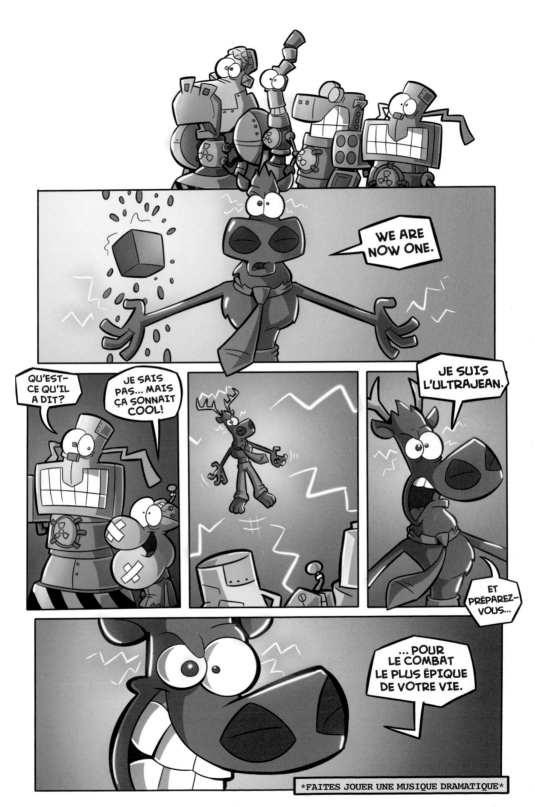

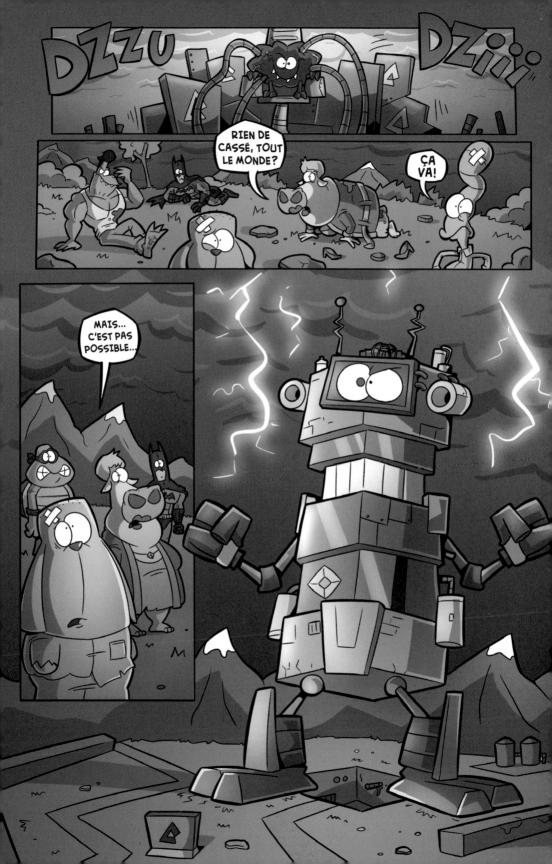

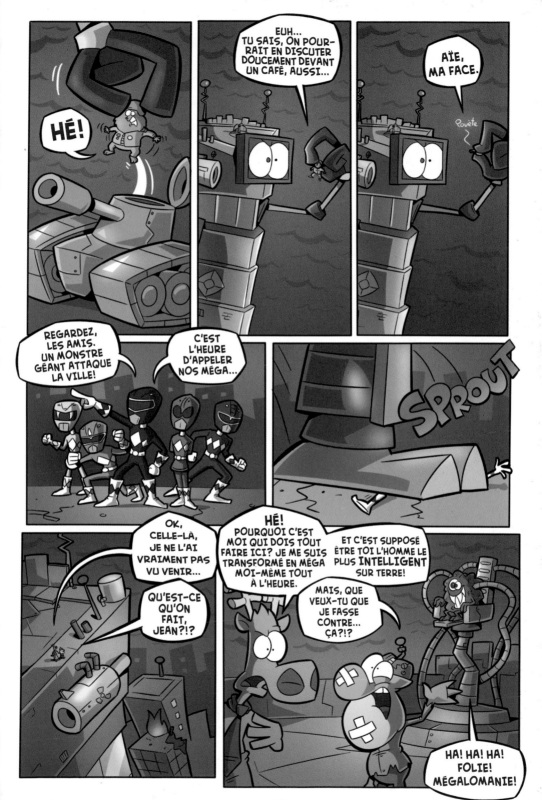

85

PROUVE-LE.

QU'EST-CE QUI SE PASSE?

ON DIRAIT QU'IL S'EST CALMÉ.

10 675 MULTIPLIÉ PAR 83,51.

891469,25

LA 648E DÉCIMALE DE PI?

HUIT.

SI MARTINE PARCOURT 83 KM EN 26 MINUTES AVEC 3 POMMES, EN COMBIEN DE JOURS SE RENDRA-T-ELLE EN ESPAGNE?

QUATORZE JOURS ET UNE TARTE.

WAW! IL EST FORT.

ASSEZ.

T'ESSAIES DE PROUVER QUOI AVEC CES QUESTIONS IDIOTES?

DONNE-MOI UN VRAI DÉFI. À MA HAUTEUR.

EUH... EUH...

PSSS, HENRY!

D'ACCORD. ESSAIE DE RÉSOUDRE CE CUBE...

JUSTE POUR VOIR.

HA HA HA! UN CUBE RUBIK. TU VEUX RIRE DE MOI?

JE PEUX FAIRE ÇA LES DOIGTS DANS LE CORTEX.

DONNE.

JE CROIS QUE MON RECORD EST DE SIX SECONDES...

??

89

93

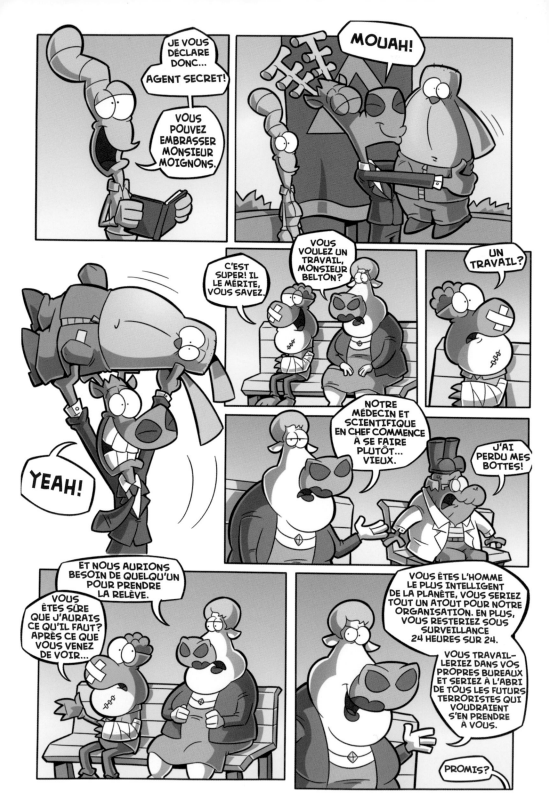

95

ARCHIVES DE L'AGENCE

Le personnage de l'Agent Jean existe depuis bien longtemps, depuis 1999 environ (j'avais 11 ans à l'époque). au début, il s'appelait Jean Bon (mais on peut vite se fatiguer d'un jeu de mots comme ça...), agent triple zéro et servait à parodier, vous l'aurez deviné, le personnage de James Bond. Mais, au fil des années, j'ai eu de plus en plus envie de m'éloigner du célèbre espion et de réellement créer mon propre univers. C'est alors que je me suis mis à créer d'autres attachants personnages qui pourraient graviter autour de Jean. Je présente donc ici l'évolution des divers personnages de la série à travers les époques de ma vie !

L'AGENT JEAN

Première apparition : 1999
(peut-être même 1997, les historiens ne s'entendent pas)

MADAME MARTHA
PREMIÈRE APPARITION : 2000

SEUL ÉLÉMENT DES FILMS DE JAMES BOND QUI RESTE DANS MON UNIVERS. MADAME MARTHA EST FORTEMENT INSPIRÉE DU PERSONNAGE DE M, JOUÉ PAR JUDI DENCH. AU DÉBUT, ELLE S'APPELAIT SIMPLEMENT «MEUH», MAIS UN JOUR, JE ME SUIS RENDU COMPTE QU'ELLE AURAIT BESOIN DE... JE SAIS PAS... UN VRAI NOM?

MONSIEUR MOIGNONS
PREMIÈRE APPARITION : 2002

JE N'AI AUCUNE IDÉE D'OÙ VIENT CE PERSONNAGE EXAC-TEMENT... TOUT CE DONT JE ME SOUVIENS C'EST, QU'À LA BASE, IL DEVAIT SIMPLEMENT AVOIR LES MAINS DANS LE DOS, EN TOUT TEMPS. MAIS JE ME SUIS RENDU COMPTE QUE CE SERAIT BEAUCOUP PLUS DRÔLE DE L'AMPUTER... ALORS JE LUI AI MIS DES MOIGNONS, ET LE NOM EST VENU TOUT SEUL...

AGENT WXT
PREMIÈRE APPARITION : 2002

J'AI CRÉÉ CE PERSONNAGE EN COURS D'ARTS PLASTIQUES À L'ÂGE DE 15 ANS JE CROIS... JE CHERCHAIS DE NOUVEAUX PERSONNAGES POUR PEUPLER MA SÉRIE, ALORS JE DESSINAIS DIFFÉRENTS ANIMAUX EN SMOKING... ET CE LÉZARD EST ARRIVÉ, JE LE TROUVAIS BIEN. EN LUI CHERCHANT UN NOM, J'AI ÉCRIT PLUSIEURS LETTRES QUE JE TROUVAIS «COOL» SUR UNE FEUILLE POUR VOIR CE QUE JE POURRAIS EN FAIRE. D'APRÈS MON SOUVENIR, IL S'AGISSAIT DE «Y, V, W, X, T, R, K, Z»; MON AMI À CÔTÉ M'A DIT : «WXT, ÇA DEVRAIT ÊTRE ÇA!» ET J'AI DIT OK. SI LA VIE ÉTAIT TOUJOURS AUSSI SIMPLE...

BILLY

PREMIÈRE APPARITION : 2002

AH, BILLY... AUCUN SOUVENIR D'OÙ IL PEUT VENIR CELUI-LÀ. J'IMAGINE QUE J'AVAIS SIMPLEMENT BESOIN D'UN SECRÉTAIRE POUR L'AGENCE. OU ALORS J'AIME SIMPLEMENT BEAUCOUP DESSINER DES VERS DE TERRE. PEU IMPORTE, JE L'AIME BIEN! ET ÇA VA SÛREMENT FAIRE UN BON AMI POUR JEAN.

LE CASTOR

PREMIÈRE APPARITION : 1999

LE CASTOR EST PRATIQUEMENT AUSSI ANCIEN QUE JEAN LUI-MÊME. LOGIQUEMENT, ÇA LUI PRENAIT UN MÉCHANT DE SERVICE, ET CE PERSONNAGE EST VENU SPONTANÉMENT. MA PREMIÈRE PARODIE S'INTITULAIT *LE CASTOR AU PISTOLET D'OR*, INSPIRÉE DU FILM *L'HOMME AU PISTOLET D'OR*. AUTRE RÉFÉRENCE À L'UNIVERS DE JAMES BOND!

FRANK LAPIN

PREMIÈRE APPARITION : 2002

AUTRE PERSONNAGE QUE J'AI CRÉÉ VERS L'ÂGE DE 15 ANS POUR PEUPLER MON UNIVERS. MAIS MALHEUREUSEMENT, JE N'AI JAMAIS RÉELLEMENT TROUVÉ DE PERSONNALITÉ À CE LAPIN. IL EST AUSSI ENNUYEUX QU'IL EN A L'AIR... ALORS JE L'AI ÉLIMINÉ! IL A FAIT SA DERNIÈRE APPARITION EN 2006. LA RÉFÉRENCE QUI LE CONCERNE DANS LE LIVRE EST DONC EXACTE! MAIS... FERA-T-IL UN RETOUR UN JOUR? SÛREMENT PAS... SI VOUS VOULEZ LE REVOIR, FAITES SIGNER UNE PÉTITION ET ON VERRA !

ALEX A. DESSINE DEPUIS TOUJOURS, MAIS C'EST À L'ÂGE DE 8 ANS QU'IL A DÉCOUVERT LE PLAISIR DE CRÉER DES BANDES DESSINÉES. APRÈS AVOIR COMPLÉTÉ UN DEC EN ARTS PLAS-TIQUES AU CÉGEP DE SAINT-JÉRÔME, IL DÉCIDE DE SE LANCER TÊTE PREMIÈRE DANS LE MARCHÉ DE L'ILLUSTRATION ET DE LA BANDE DESSINÉE COMME TRAVAILLEUR AUTONOME.

MOINS D'UN MOIS APRÈS AVOIR QUITTÉ L'ÉCOLE, IL EST DEVENU COLLABORATEUR RÉGULIER AU MAGAZINE SAFARIR, ET PLUS TARD, IL S'EST FAIT REMARQUER PAR LES DIRIGEANTS DE KIWI ANIMATION, OÙ IL TRAVAILLE SUR DIFFÉRENTS PROJETS DE DESSINS ANIMÉS. DEPUIS, IL ACCUMULE LES CONTRATS D'ILLUSTRATIONS DANS DIFFÉRENTS DOMAINES, COMME LES LIVRES SCOLAIRES ET LES JEUX DE SOCIÉTÉ, AUTANT ICI QU'EN EUROPE.

SES PRINCIPALES INSPIRATIONS ? «TOUT CE QUI EXISTE ! MAIS SURTOUT, TOUT CE QUI N'EXISTE PAS...»